COLLECTION DE M. S***

TABLEAUX

MODERNES

CATALOGUE

DES

TABLEAUX

MODERNES

*Composant en partie la Collection de M. S**** [CHWAMBACHER]

DONT LA VENTE AURA LIEU

HOTEL DROUOT, SALLE N° 1

Le Samedi 9 Mai 1874

EXPOSITIONS :

PARTICULIÈRE : LE JEUDI 7 MAI 1874.

PUBLIQUE : LE VENDREDI 8 MAI 1874.

De une heure à cinq heures.

COMMISSAIRE-PRISEUR	EXPERT
Me CHARLES PILLET	M. DURAND-RUEL,
10, rue de la Grange-Batelière.	16, rue Laffitte.

Paris — 1874

CONDITIONS DE LA VENTE

Elle sera faite au comptant.

Les adjudicataires payeront *cinq pour cent*, en sus des enchères

Paris.—Typ. PILLET fils aîné, rue des Grands-Augustins, 5.

Il n'est pas un des noms inscrits sur les bordures dorées de cette collection de tableaux modernes, qui n'ait une valeur; et la plupart en ont une fort grande. Tous les genres y figurent.

Le paysage y est représenté, — pour ne s'arrêter qu'aux sommets, — par le *Rageur* de Théodore Rousseau, cette toile d'un si puissant effet; par le *Soir* de Jules Dupré, la *Danse de Nymphes* de Corot, les *Laveuses* de Daubigny; — les fleurs par Vollon; — la peinture de marines par une œuvre d'un grand aspect, signée : André Achenbach, et par une autre œuvre d'un aspect tout différent, aussi fine, précise et claire, que la première est large et tourmentée; la seconde est d'un artiste fort jeune et déjà classé très-haut, M. Maurice Courant; — la peinture d'animaux, par les maîtres, en ce genre, les plus illustres de notre temps : Troyon, Rosa Bonheur, Ch. Jacque et Verboeckhoven; — l'Orient, par Fromentin et Gérôme, dont le *Lion* ne sera pas une des moindres curiosités de notre exposition; — la peinture ethnographique par Ziem, Hébert (la *Mal'aria*), Bonnat, Burnitz, Otto van Thoren, Pettenkoffen, Munkacsy et Worms, le peintre accrédité des mœurs espagnoles; — la peinture d'élégances par Willems; — la fantaisie par Meissonier, Diaz, Fortuny, dont les œuvres sont si rares, Madrazo, Boldini, Roybet et Isabey, dont le *Duel* et l'*Enlèvement* ont une furie de mouvement extraordinaire; — le portrait par Ricard; — l'esprit par Horace Vernet; — la peinture de genre par Léopold Robert et Alfred Stevens; — le genre historique par un maître justement illustre de l'école belge, M. Pauwels.

Nous n'avons pas voulu confondre, dans cette énumération si rapide de noms pourtant considérables, ceux des deux grands peintres de notre École française : Decamps et Eugène Delacroix.

Il suffira cependant de dire ici qu'il y a quatre tableaux du premier et trois du second, pour appeler très-spécialement l'attention des amateurs sur cette collection.

Parmi les Decamps, le *Philosophe* est une œuvre des plus intéressantes, dans laquelle le peintre a osé lutter avec le souvenir de Rembrandt; le tableau intitulé *Bertrand et Raton* est, au contraire, une œuvre d'une inspiration absolument personnelle et des plus belles, au nombre des tableaux de chevalet signés par le maître.

Quant aux trois tableaux de Delacroix : *Hamlet et Ophélie, Cléopâtre et le Lion*, nous les considérons chacun dans leur ordre comme autant de chefs-d'œuvre.

E. C.

DÉSIGNATION

ACHENBACH

(A.)

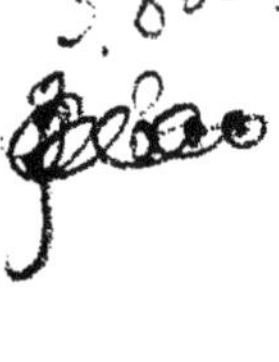

1 — **Marine.**

Effet de soleil dans le brouillard, sur une mer agitée.

Haut., 35 cent.; larg., 51 cent.

BOLDINI

2 — **Jeune femme faisant de la tapisserie.**

Une jeune femme, vêtue du costume de l'empire, est assise près d'une cheminée richement ornée, et termine un ouvrage en tapisserie.

Haut., 47 cent.; larg., 38 cent.

BONHEUR

(ROSA)

3 — **Moutons.**

Trois moutons paissant ou au repos, à l'ombre d'une grande roche, sur la pente d'une montagne, en Écosse.

Haut., 24 cent.; larg., 34 cent.

BONNAT

4 — **Chef arabe assis à terre.**

Haut., 60 cent.; larg., 70 cent.

BURNITZ

5 — **Un petit paysan hongrois fait boire des chevaux à un ruisseau qui passe au milieu d'un bois.**

Haut., 62 cent.; larg., 82 cent.

COROT

6 — **Danse de nymphes.**

C'est le Printemps symbolisé par le réveil de l'Amour. A l'aurore naissante, les nymphes ont entraîné dans leur ronde le petit dieu dont le temple se dessine en fine architecture à l'horizon.

Haut., 80 cent.; larg., 1 m. 15 cent.

COURANT

(MAURICE)

7 — **Marine.**

Mer calme, largement plissée par la brise sous le ciel du matin chargé de nuages. Une barque; çà et là quelques voiles.

Haut., 45 cent.; larg., 54 cent.

DAUBIGNY

8 — **Les Laveuses.**

Quelques femmes agenouillées au bord d'un petit étang aux rives boisées. Les eaux claires, entrecoupées par les ombres de nombreuses touffes de roseaux, reflètent par places les teintes roses du ciel à l'heure du soleil couchant.

Haut., 36 cent.; larg., 65 cent.

DECAMPS

9 — **Fileuse.**

Vêtue d'un costume pittoresque, elle est assise au seuil de la maison, dans un paysage d'un style sévère qu'illumine une violente percée de lumière dans le ciel sombre.

Haut., 54 cent.; larg., 43 cent.

DECAMPS

10 — **Le Philosophe.**

C'est le titre consacré de ce tableau connu, sans doute parce qu'il rappelle la magie de lumière des Rembrandt du Louvre qui portent le même titre. Il représente une veuve amenant un jeune enfant à un vieillard assis dans un intérieur où tout révèle l'habitude du travail et de la méditation.

Haut., 32 cent.; larg., 28 cent.

DECAMPS

11 — **Intérieur rustique.**

Une femme assise devant le feu est occupée à filer; un chat anime sa solitude. Les valeurs du tableau sont calculées pour concentrer tout l'éclat sur la lumière du foyer.

Haut., 14 cent ; larg., 21 cent.

DECAMPS

12 — **Bertrand et Raton.**

Même effet que dans le tableau précédent, mais beaucoup plus important. Ici, la mimique des personnages ajoute à l'œuvre un intérêt tout nouveau. Bertrand cache ses gibbosités sous une blouse de satin rose ; Raton est magnifiquement fourré de noir et de blanc.

Haut., 20 cent.; larg., 25 cent.

DELACROIX

(EUG.)

13 — **Hamlet et Ophélie.**

Cette admirable composition représente la fin de la scène fameuse qui débute par le monologue : *To be or not to be.* Après avoir accablé Ophélie d'invectives, il la quitte en lui jetant ces derniers mots : « Au couvent, allons, et vite ! Adieu ! »

Haut., 28 cent.; larg., 21 cent.

DELACROIX

(EUG.)

14 — **Cléopâtre.**

La reine, somptueusement parée, à demi couchée sur un lit de pourpre, se soulève pour recevoir la corbeille où l'aspic se dissimule sous les feuilles de figuier, et que lui présente un esclave. A quelque distance, deux autres esclaves, un homme et une femme, contemplent cette scène. Au premier plan, des orfèvreries.

Composition capitale dans les petites dimensions d'un tableau de chevalet.

Haut., 27 cent.; larg., 35 cent.

DELACROIX

(EUG.)

15 — **Lion.**

Le superbe animal, repu, gravit une pente de montagne avec la lente allure et les bâillements d'un féroce ennui.

Admirable étude du maître.

Haut., 24 cent.; larg., 32 cent.

DIAZ

16 — **Femmes turques.**

Deux femmes turques, vêtues de costumes somptueux, sont assises nonchalamment à l'ombre des bois ; une troisième, debout, ajuste d'une façon distraite la coiffure de l'une d'elles.

Œuvre d'une riche et puissante coloration.

Haut , 42 cent.; larg., 29 cent.

DIAZ

17 — **Sous bois.**

Une pauvre femme qui ramasse du bois mort anime la forêt silencieuse.

Haut., 43 cent.; larg., 35 cent.

DIAZ

18 — **L'affût.**

Autre étude de forêt. L'épisode est fourni par une figure de braconnier à l'affût.

Haut., 56 cent.; larg., 45 cent.

DIAZ

19 — **Le Repos.**

Une jeune femme à demi nue, vue de dos, est assise sous de grands arbres dans un cercle de draperies blanches et bleues d'un ton charmant.

Haut., 28 cent.; larg., 20 cent.

DIAZ

20 — **Tristesse.**

Même effet. Même figure, vue de face. Ici elle est coiffée de satin rose.

Ces deux tableaux, de même dimension, se font pendant.

Haut., 28 cent.; larg., 20 cent.

DIAZ

21 — **Le Printemps.**

Une figure de jeune fille rayonnante de grâce et de gaîté juvéniles, s'avance d'un pas aérien. Elle est entourée de fleurs.

Haut., 43 cent.; larg., 24 cent.

DUPRÉ

(JULES)

22 — **Le Soir.**

Près du troupeau, le berger est assis dans la grande ombre de la nuit naissante qui enveloppe la plaine.

Haut., 17 cent.; larg., 30 cent.

FORTUNY

23 — **Deux Gentilshommes.**

Costumes de la cour des Valois.
Œuvre d'une finesse et d'une variété de tons singulières.

Haut., 12 cent.; larg., 09 cent.

FROMENTIN

24 — **Bords du Nil.**

Sur la rive du fleuve qui étend au loin sa large nappe grise, des fellahs coupent de grandes gerbes de roseaux et les chargent sur des chameaux dont la haute silhouette coupe les lignes plates du paysage.
Dans la perspective, sur les bords du Nil, on aperçoit des architectures perdues dans le feuillage.

Haut., 70 cent.; larg., 1 m. 08 cent.

GÉROME

25 — **Le Lion.**

Dans la concavité de vastes rochers superposés, d'où l'on domine l'étendue du désert immense, un grand lion, couché auprès de quelques débris de carcasses complétement rongées. Sur la cime d'une roche, un vautour contemple d'un œil d'envie les reliefs du festin. Un figuier sauvage allonge ses rameaux tordus dans le ciel clair.

Haut., 50 cent.; larg., 71 cent.

HÉBERT

26 — **La Malaria.**

Famille italienne fuyant la contagion (campagne de Rome).

Réduction du célèbre tableau appartenant à l'Etat et placé au musée du Luxembourg.

Haut., 54 cent.; larg., 69 cent.

HEILBUTH

27 — **Déclaration.**

Un jeune homme et une jeune femme en costumes renaissance sont assis dans une prairie en fleurs et échangent leurs aveux.

Haut., 32 cent.; larg., 23 cent.

ISABEY

28 — **Après le Duel.**

L'un des combattants, frappé à mort, gît inanimé au seuil d'une porte qui s'est ouverte au bruit des épées et où apparaissent un homme et une femme dont la physionomie exprime l'inquiétude. Le spadassin vainqueur s'échappe par la droite, poursuivi par les aboiements de deux chiens, et sans prendre le temps de relever son chapeau tombé dans la lutte.

Haut., 79 cent.; larg., 59 cent.

ISABEY

29 — **Tentative d'Enlèvement.**

Un gentilhomme, l'épée au poing, défend l'entrée de sa maison contre les agresseurs. L'un d'eux est déjà étendu à terre.

Sur le perron, une femme éplorée se tord dans les larmes.

Deux chevaux sellés attendent, dans un coin de la cour de la maison, tout ornée de pampres et de fleurs.

Haut., 42 cent.; larg., 62 cent.

JACQUE

(CH.)

30 — **La Bergère.**

Elle accompagne le troupeau en marche, qui rentre lentement, paissant, bêlant, se tassant, poursuivi par l'orage dont les lourdes teintes gris-ardoise emplissent le ciel.

Haut., 40 cent.; larg., 32 cent.

JACQUE

(CH.)

31 — **Moutons.**

Le troupeau est groupé sur la déclivité d'un terrain en pente.

Haut., 43 cent.; larg., 68 cent.

MADRAZO

32 — **La Toilette.**

Une jeune femme, en déshabillé matinal et debout devant une table de toilette, porte un linge mouillé sur ses épaules nues. Sur des meubles, des vêtements épars.

Excellente peinture.

Haut., 71 cent.; larg., 57 cent.

MEISSONIER

33 — **Le Reître.**

Le soldat est assis au soleil, adossé à la muraille de quelque corps de garde. Les mains croisées sur son épée, qui est posée debout entre ses jambes chaussées de grandes bottes à entonnoir, il sommeille en attendant son tour de faction.

Tout éloge de cette peinture serait superflu.

Haut., 14 cent.; larg., 10 cent.

MICHETTI

34 — **Enfants pendant la moisson.**

Ils sont dispersés dans le verger. Au premier plan, une fillette cueille des prunes à la branche flexible d'un arbre. Peinture de colorations fines et intenses.

Haut. 46 cent.; larg., 32 cent.

MONCINOT

35 — **La Volière.**

Haut., 1 m. 32 cent.; larg., 86 cent.

MUNKACSY

36 — **La Baratteuse.**

Une robuste paysanne, bras nus, agite d'un mouvement puissant le lourd levier de la baratte.

Près d'elle, un enfant la regarde agir.

Nombreux accessoires.

Peinture robuste.

Haut., 1 m. 18 cent.; larg., 95 cent.

PAUWELS

37 — **Réhabilitation de la mémoire de Lievin Pyn, premier magistrat de Gand en 1541.**

« Lievin Pyn, victime de l'aveugle fureur du peuple, fut accusé faussement, même par ses ambitieux collègues; il fut mis en prison, condamné à mort et exécuté.

« Sur la demande de la famille, Charles V ordonna la réhabilitation de son fidèle sujet. La lecture de cet acte de haute justice fut donnée par un prêtre pendant une messe solennelle dans l'église de Saint-Nicolas et en présence de la famille Pyn, encore plongée dans le deuil.

« Le peuple y accourut. Pour lui reprocher son égarement, l'empereur ordonna que quatre des principaux instigateurs y fussent présents, gardés par des gens d'armes comme des coupables pendant toute la durée de la cérémonie. » (*Troubles de Gand*, par Gachard.)

Daté 1862.

Haut., 1 m. 12 cent.; larg., 1 m. 79 cent.

PETTENKOFFEN

38 — **Paysan hongrois.**

Le torse et les jambes nus, d'un ton brûlé par le soleil, à peine couvert par de larges braies ; l'homme, vu de face, porte à ses lèvres une cruche en terre cuite qu'il vient de remplir de l'eau d'une mare disposée au premier plan.

Œuvre remarquable par une puissante impression de réalité.

Haut., 27 cent.; larg., 18 cent.

PROTAIS

39 — **Hussards passant un gué.**

Haut., 31 cent.; larg., 41 cent.

RICARD

40 — **Portrait d'homme.**

Toile. Haut., 64 cent.; larg., 53 cent.

ROBERT

(LÉOPOLD)

41 — **La Bénédiction de l'Abbesse.**

Une jeune novice d'un couvent de Carmélites est agenouillée aux pieds de l'abbesse qui lui donne sa bénédiction. Cette dernière est assise dans un fauteuil rouge. La scène se passe dans l'intérieur du couvent dont les murailles sont d'une austère nudité.

Haut., 61 cent.; larg., 48 cent.

ROUSSEAU

(TH.)

42 — **Le Rageur.**

C'est le nom de l'arbre qui domine tout le tableau. Il occupe le centre d'une lande de la forêt de Fontainebleau et mêle ses rameaux noirs aux ombres épaisses dont le ciel est chargé et que troue çà et là un rayon de lune. Un cavalier traverse la lande.

Haut., 59 cent.; larg., 72 cent.

ROUSSEAU

(TH).

43 — **Après la pluie.**

Effet de lumière dans le ciel après la pluie. Quelques vaches avancent sur les bords d'un étang. A l'horizon lointain, des silhouettes de collines.

Haut., 27 cent.; larg., 37 cent.

ROYBET

44 — **Liseur.**

Un jeune page, vêtu de noir, assis de face et accoudé sur un genou, lit dans un grand in-folio.

Peinture vigoureuse.

Haut., 45 cent.; larg., 36 cent.

STEVENS

(ALFRED)

45 — **Le Sommeil.**

Une vieille femme s'est endormie dans son fauteuil, en disant son chapelet.

Son tricot est déposé près d'elle, sur une table ; un petit chat joue avec le peloton de laine.

Tableau très-puissant de ton.

Haut., 82 cent.; larg., 62 ce t.

THOREN

(OTTO VON)

46 — **Paysan hongrois emmenant un cheval.**

Haut., 41 cent.; larg., 35 cent.

THOREN

(OTTO VON)

47 — **Les voleurs de bétail** (scène hongroise).

Haut., 67 cent.; larg., 1 m. 15 cent.

TROYON

48 — **Pâturages.**

Deux belles vaches, une rousse, l'autre au pelage noir et blanc, sont debout, immobiles dans un grand pâturage. Le ciel est chargé de pluie.

Haut., 76 cent.; larg., 1 m. 03 cent.

VERBOECKHOVEN

49 — **Moutons.**

Deux moutons et leurs agneaux, entourés de poules et de coqs, paissent sur la pente d'une colline d'où l'on découvre une vaste plaine. Dans la perspective, un moulin et des parties boisées.

Haut., 60 cent.; larg., 80 cent.

VERNET

(HORACE)

50 — **Cavaliers.**

Deux cavaliers, en costume de la Restauration, sont arrêtés sur une route, et demandent leur chemin à un petit paysan, couché à terre, sur une partie du sol en contre-bas de la chaussée.

Haut., 41 cent.; larg., 58 cent.

VOLLON

51 — **Corbeille de fleurs et de fruits posée sur une table.**

Haut., 52 cent.; larg., 63 cent.

VOLLON

52 — **Bouquet de fleurs variées contenu dans un vase et posé sur une table où sont des fruits.**

Haut., 60 cent.; larg., 47 cent.

WAHLBERG

53 — **Soleil couchant.**

Paysage d'une belle ordonnance.

Haut., 72 cent.; larg., 1 m. 06 cent.

WILLEMS

54 — **Le Miroir.**

Une jeune femme, vêtue de satin blanc et assise, tient dans ses bras un jeune chien qu'elle force à se regarder dans un miroir posé sur une table.

Accessoires riches. Intérieur élégant.

Haut., 55 cent.; larg., 44 cent.

WORMS

55 — **Le Départ du Torrero.**

Il va partir pour le cirque. Son cheval, tout sellé, l'attend. Un ami, agenouillé, achève de lacer ses guêtres. Sa femme, un enfant dans les bras, lui parle. Derrière lui, un jeune garçon le regarde avec admiration. Un peu plus loin, sur le seuil du logis, une autre femme assiste à cette scène.

Haut., 49 cent.; larg., 71 cent.

ZIEM

56 — **L'Embarquement.**

Deux vapeurs, en rade de Toulon, sont entourés d'embarcations nombreuses, chargées d'émigrants colonisateurs. Ils emportent avec eux mille objets destinés à leur rappeler la patrie absente, et le plus précieux de tous, le drapeau national.

Œuvre capitale.

Haut., 67 cent.; larg., 1 m. 05 cent.

ZIEM

57 — **Venise.**

Vue du canal de la Judecca, au soleil couchant.

Haut., 49 cent.; larg., 80 cent.